Agnes–Marie Grisebach

Kämmerchen für die Musen

Agnes–Marie Grisebach

Kämmerchen für die Musen

Bülten Verlag

Layout und Typographie: *Sabine Kleinschmidt*
Druck und Bindung: *printmix24* (Bad Doberan)

ISBN: 3-938510-01-3

Inhalt **Seite**

Kämmerchen drei: *Alt und Jung*

Kämmerchen vier: *Philosophisches*

Kämmerchen fünf: *Aus der Tiefe*

Kämmerchen sechs: *Religiöses*

Kämmerchen sieben: *Rat und Schläge*

Kämmerchen acht: *Familie*

Kämmerchen neun: *Tiere*

Kämmerchen eins:

Über das Dichten

Die Musen

Fast jeder macht irgendwann mal ein Gedicht,
nur wenige Menschen versuchen das nicht.
Wir haben wohl alle in unserem Busen
ein Kämmerchen, und darin wohnen die Musen.
Wenn Pegasus eins dieser Mädchen begattet,
ist auch Banausen das Dichten gestattet.
Sind sie jedoch alle Jungfrau geblieben,
hätten wir besser nie Verse geschrieben.

Moderne Lyrik

Ich glaube, ich bin schrecklich unmodern.
Ich mag die neue Lyrik gar nicht gern.
Ein jeder jammert da ganz ungeniert,
dass er so leidet. Wie klingt das blasiert!
Aus Seelenagonie wird ausgepresst
ein Wort und noch ein Wort und dann der Rest.
Gelangweilt werden diese Worte durchgeseiht,
dann aufgereiht
auf eine Schnur, die nun zusammenhält,
was sonst vertrocknet auseinander fällt.

Ich frage mich, wer hat denn daran Spaß?
Der Dichter selber nicht, denn dass
ihm nichts mehr Spaß macht, klagt er ja so viel.
Ich kann mir auch nicht denken, dass der Stil
den Leser, weil es Mode ist, ergreift.
Wer will denn eine Kette, die ihn kneift?
Ich glaub, der Mensch gibt gar zu gerne an.
Er will den Leuten zeigen, was er kann.
Wie hab ich doch den Quatsch schön aufdrapiert,
jetzt zeig ich allen: Ich hab Quatsch kapiert.

Das Talentchen

Ich halt dich beim Händchen,
mein kleines Talentchen.
Ich pflanz dich ins Töpfchen,
hinein in mein Köpfchen.
Wenn Tränen mir fließen,
will ich dich begießen.
Fühl ich mal Wonne,
kommst du an die Sonne.
Es ist ja mein Traum:
Aus dir wird ein Baum.

Doch leider, mein Kleiner,
aus dir wird mal keiner.

Abstraktionsunterricht

es denkt
es schürft
in grauen Zellen
Wellen

Keine Reime bitte!
Kunst kommt von künden,
nicht von können.

zittern
bis in den Daumen
führen Feder
und Buch
oh Wort oh Klang
Hirngesang

Wieder ein Rückfall.
Warum so gegenständlich?
Mehr Unterbewusstsein bitte!

Qualle quetscht
Stein in Galle
grün
nahtlosen Nebel durchtrennen
Schrillschreie
brünstiger Gänse

Schon besser!
Nur noch subjektiver!

I c h! O h I c h!
I c k e - I c k e --- I c h!
I c h .... a c h!
I c h --- I c h!
I c h!!!
i-Punkt

Sehr gut!

Ein Pups

Gedichte gleichen Pralinen und Torten.
Es gibt von ihnen verschiedene Sorten.
Heut glaubt man, die Seelen könnten verfetten,
und Hungerkuren würden sie retten.
So backt man sie ganz ohne Kalorien
und leidet an seelischen Bulimien.
Sie sind nur aus heißer geschlagener Luft.
Fast wie ein Pups, doch ganz ohne Duft.

Protest gegen die Mode

Wer einen Satz zustande bringt,
der ein wenig singt und klingt,
nennt das heut schon ein Gedicht.
Versmaß braucht man dazu nicht,
Sinn und Reim sind überflüssig,
aber eben die vermiss ich.

Kämmerchen zwei:

Spöttereien

Schach

Ich heiße Agnes Grisebach
und spiele alle Tage Schach.
Mein Gegner ist der Schachcomputer
und wenn er nicht kaputt ist, tut er.
Ich kann ihn leider nicht besiegen,
das muss an meiner Dummheit liegen.
Auch muss ich blind die Züge führen,
so lern ich täglich zu verlieren.
Das tut zwar weh, doch dieses Leiden
trainiert den Geist und macht bescheiden.

Spöttereien

Sie erzählt gern Anekdoten,
doch das hat ihr Mann verboten,
regelmäßig konsequent
wird er davon impotent.
Was er allzu oft gehört,
seine Libido zerstört.

Dem, den man nicht leiden kann,
dichtet man sehr gerne an,
er habe das, was er besitzt,
auch nur gestohlen und stibitzt

Ein Mensch, der andre stets beneidet,
weil besser sie als er gekleidet,
der freut sich, wenn es ihm gelingt
zu merken, dass der andere stinkt.

Jeden Abend trinkt er Wein,
denn ohne den schläft er nicht ein.
Halbschlafend raucht er dann im Bette,
noch seine letzte Zigarette.
Wenn seine Frau ihn deshalb rügt,
so sagt er wütend, dass sie lügt.

Immer wieder dieser Schreck,
das blöde Ding ist einfach weg.
Doch wenn man es dann nicht mehr braucht,
ist es urplötzlich aufgetaucht.

Sie redet ohne Unterlass,
bald über dies, bald über das.
Doch muss man sie mal etwas fragen,
so weiß sie nichts dazu zu sagen.

Die Sünde

Des Morgens steig ich alle Tage
als allererstes auf die Waage.
Doch vorher, das vergess ich nicht,
verlier im Klo ich noch Gewicht.

Dann seh ich hin, und ach, du Schreck!
Mir bleibt beinah die Spucke weg!
Schon wieder ein Pfund zugenommen!
Wo ist denn das nur hergekommen?

War es die Scheibe Toast mit Butter,
das ganz normale Frühstücksfutter?
Die Magermilch zum Abendessen
mit der Banane? Nichts vergessen?

Ach ja, ich hab's! O jemine,
beim Frühstück nahm ich zum Kaffee
ein Würfelzucker mir hinein.
Das wird der Strafe Grund wohl sein!

Oh, wie ich diese Tat bereue!
Ich werde jeden Tag aufs Neue
die Lust bekämpfen und besiegen,
um endlich gar nichts mehr zu wiegen!

Gedankensplitter

Der Platz in der Geschwisterschar
stellt meist auch schon das Schicksal dar.

Bei ihm ist Dummheit nur partiell,
denn seinen Vorteil sieht er schnell.

Was ist der Sinn vom Menschenleben?
Dem Unsinn einen Sinn zu geben.

Sinn geben kannst nur du allein,
er kommt von selbst in nichts hinein.

Die Weinbergschnecke lockt im Kohl,
als man sie aufbrach, war sie hohl.

Er stopfte seinen Kopf voll Wissen,
nun muss man seinen Geist vermissen.

Cool, die Suppe! Lobt der Junge
und verbrennt sich seine Zunge.

Mit der Zigarette im Mund
kocht sie biologisch gesund.

Sie redet gerne viel und laut,
weil sie sich nicht zu schweigen traut.

Limerick

Ein Schatzmeister hortet Millionen
Die soll er vorläufig schonen
Sagt die Partei
Und er denkt sich dabei
Sie werden mich später belohnen.

Heut sagt man, er hätt' sie gestohlen
Nun sitzt er auf feurigen Kohlen
Schnell gibt er die Masse
zurück an die Kasse
Nun soll doch der Teufel sie holen.

Kämmerchen drei:

Alt und Jung

Der Backfisch 1900

Ick suche nich die wilde Leidenschaft,
ick suche keener Sinne heiße Glut,
ick suche eenes Herzens stille Kraft,
wat nah und schützend an dem meenen ruht.

Ihr reißt mir an Euch und in wilder Gier
wollt Ihr auch dat zerstören wat ick Dir,
nur Dir alleene einmal jeben will.
Ick wünsche so, dass mir d e r bald bejegnet,
bei dem auch Jott mein Bündnis mit ihm sejnet.

Der Teenager 2000

Mir hat schon eener in den Mund jeküsst.
Een andrer hat schon meene Brust berührt.
Oh, cool, wenn dat Jefühl beim Sex so ist,
denn ham mich alle beede schon verführt.
Die Frage is nur, welchen soll ick nehmen?
Den mit die Brust?
Nee, diesen mit dem Kuss?
Ick weeß es nicht,
ick muss mir wirklich schämen,
weil ick det heute schon entscheiden muss.
Sie wollen beede nich mehr länger warten.
Ick soll mit jedem uf die Klassenfahrt,
weil alle anderen sich längst schon paarten,
nur diese beeden sind noch separat.
Wat soll ick tun, ick gloob, ick nehme keenen.
Die sind mir alle beede noch zu klein.
Vielleicht wart ick doch wirklich noch auf eenen,
mit dem wird's dann vielleicht noch cooler sein.

Das Lied von den schrecklich modernen Kindern (1970)

Wir traten nur deshalb in dieses Leben,
weil's damals noch keine Pille gegeben,
und weil man die Abtreibung nicht erlaubt,
sonst hätte man uns aus dem Bauche geklaubt.
Wir waren ein Unglück, ein Missgeschick.
Erst nach uns erfolgte der Pillenknick.
Unsere Mütter wollten sich emanzipieren
und nicht durch uns ihre Freiheit verlieren.
Sie gaben den Vätern deshalb die Schuld
und hatten für uns nichts als Ungeduld.

Die Väter konnten mit uns nichts beginnen.
Mit Kindern kann man nicht Reichtum gewinnen.
Sie hielten die Kosten uns tagtäglich vor
und hatten für Kindersorgen kein Ohr.
Und der Staat, der uns angeblich haben will,
dem sind wir zu viel, dem sind wir zu viel!

Es lohnt sich nicht, Schulen für uns zu errichten
und Lehrer zu zahlen zum Unterrichten.
Denn nach uns kommt doch der Pillenknick,
da geht ja die Zahl um die Hälfte zurück.

Dann wär'n die gebauten Schulen doch leer
und nur Lehrer da, keine Schüler mehr.
Wo sind für uns Arbeit und Lehrlingsstellen?
Wir finden nur Freunde bei Kriminellen.
Die sagen uns: „Ihr sollt nur später die Alten
füttern und pflegen und unterhalten.
Warum etwas lernen? Und Arbeit? Warum?
Wem seid ihr was schuldig? Ihr seid ja schön dumm!
Man wollte euch töten, nun tötet doch auch,
raubt nur und mordet und füllt euch den Bauch!"

Uns hat man immer nur ausgescholten.
Doch ihr Kinder, nach uns, ihr Guten, Gewollten,
ihr werdet dann alles viel besser machen?
Da kann man nur lachen, da kann man nur lachen!

Ihr singt dann vom Männlein auf einem Bein,
das steht jetzt im Walde so ganz allein,
denn ihr habt den riesigen Pilzkopf zu tragen
von Alten, die alle sich Kinder versagen.
Und wir machen uns schwer, und wir singen, wir Sünder,
das Lied von der Mutter, die hatte sechs Kinder!

Dann dürft ihr, je einer, sechs Alte tragen!
Was gibt's da zu jammern, was gibt's da zu klagen?
Ihr seid dann doch frei von der Mutterschaft
und emanzipiert und voll Schaffenskraft!
Ganz gleichberechtigt macht es dann „Klick“,
und der Pilz bricht ab, ohne Pillengeknick.
Und der Haufen Moder ruft dann „Hurra!“
Jetzt endlich ist die Gerechtigkeit da!
Jetzt stinken wir alle, es stinkt uns nicht länger!
Wem wird es da bang und wem wird es bänger?

Schrankenlosigkeit

Früher lehrte man die Jugend,
Ordnung sei die höchste Tugend.
Es schlug den Deutschen das Gewissen
nur dann, wenn Chaos eingerissen.
Wenn Morden ordentlich passierte,
geschah es, dass man's ignorierte.

Drum ist es üblich heut bei allen,
man lässt grad auf den Boden fallen,
was man sich vom Leib gezogen,
oder schmeißt in hohem Bogen
auf Tische, Türen oder Schalter
die Hemden, Leib- und Büstenhalter.
Ja, sogar ums Telefon
schlingt man seine Schlüpfer schon.

Wer noch was in Schränke hängt
fühlt sich unfrei und „beschränkt".
Später nennt man unsere Zeit
„Die Zeit der Schrankenlosigkeit".

Kinderwünsche
(1970)

Ich lerne
wohl gerne
von den Großen,

denn ich weiß ja noch nicht viel,
auch nicht, was ich selber will.

Aber wenn ich in der Masse
einer überfüllten Klasse
selbst versuche nachzudenken,
muss ich mich doch oft sehr kränken.

Noten, Tadel, Strafarbeiten
kriegt man von den großen Leuten.
Und wenn wir uns einmal verschreiben,
droht auch noch das Sitzenbleiben.

Immer müssen wir uns hetzen,
lernen schwindeln, lernen petzen.
Nach dem Zwang und nach der Eile
kommt am Ende Langeweile,

weil man schließlich ganz vergisst,
dass das Lernen Freude ist.

Ich lerne
wohl gerne
von den Großen,

denn ich weiß ja noch nicht viel,
auch nicht, was ich selber will.

Aber wenn wir lernbegierig
Fragen stellen, sind wir „schwierig".
Und darüber ungehalten,
kriegt der Lehrer Zornesfalten.

Haben an der Ungeduld
wirklich nur die Schüler Schuld?
Sicher haben es die Lehrer
heute mit uns etwas schwerer,

denn wir haben noch verschwommen
durchaus etwas mitbekommen
von dem Zank und von den Kriegen,
von den Morden und den Lügen,

von Gewalt und von dem Streiten,
die die Großen sich bereiten.

Das lerne
ich nicht gerne
von den Großen

denn ich weiß zwar noch nicht viel
aber doch, was ich nicht will.

Keine Mauer und kein Schießen,
keinen Hass, kein Blutvergießen,
keine Ungerechtigkeiten,
keine Eltern, die sich scheiden,

keinen Hunger und kein Prassen,
keine Menschen, die sich hassen!
Ich hab Angst für meine Seele,
dass uns Strafen und Befehle

auch auf falsche Wege führen
und wir schließlich das verlieren,
was die Kinder aller Zeiten
unterschied von großen Leuten.

Tugendindustrie

Liebe Eltern, liebe Tanten,
Lehrer, Richter, Anverwandten,
Psychologen, Pädagogen,
Ihr habt uns ja falsch erzogen!
Nicht durch Umwelt, noch Vererbung,
nein, Verehrte, nur durch W e r b u n g
lässt sich Tugend von den Massen
als begehrenswert erfassen!
Lerntet Ihr denn wirklich nie
etwas von der Industrie?
Warum macht Ihr nicht die Tugend
mal zum Lebensziel der Jugend!
Werbt für sie und macht Reklame!
Oft genügt ein neuer Name!

Die Jugend von heute

Die Jugend von heute.
Wir sind übrigens auch Leute.
Leute von morgen,
vielleicht.
Vielleicht gibt's gar kein Morgen.
Das ist uns gleich.
Wir borgen.
Wir borgen ganz einfach von morgen.
Das ist ganz leicht.
Wir zahlen in Raten,
was wir schon hatten.
Das ist unser neues System.
Sehr bequem.
Wollen Sie es nicht auch probieren?
Was können Sie schon dabei verlieren?

Lass das Protestieren

Junge, lass das Protestieren!
Wehe, du lachst Vati aus!
Wohin soll denn das noch führen
mit dem Streit im eignen Haus!

Dieses freche Hohngelächter
ist kein gutes Argument!
Alles wird ja nur noch schlechter,
wenn ihr keine Achtung kennt!

Frag doch Oma, frag doch Mutter,
ob du etwa anders bist!
Immer leckst du nur die Butter,
wenn du deinen Kanten isst!

Auch dein Vati war mal kesser
und war bös auf Opapa,
wusste alles so viel besser,
und schon war das Unglück da.

Nun hat er sein ganzes Leben
die Malheure repariert.
Und es war sein größtes Streben,
dass dir das nicht auch passiert.

Gibt es dabei was zu lachen?
Jeder wird durch Schaden klug.
Du wirst's auch nicht besser machen.
Nun ist's wirklich mal genug!

Jungens wollen Türme bauen.
Mutti hebt sie wieder auf.
Vatis machen Trümmerfrauen,
und dann bau'n sie wieder auf.

Alles schreit nach seinen Rechten.
Keiner fragt nach seiner Pflicht.
Alle „Großen" sind die „Schlechten"!
Und die Kleinen? – Sind die's nicht?

Dieser Quatsch wird zu gefährlich!
Lern, was Vati dich gelehrt!
Denn sonst bleibt am Ende schwerlich
noch ein Mensch, der Trümmer kehrt!

Kämmerchen vier:

Philosophisches

Zwei Seelen

Zwei Seelen hat der Mensch in seiner Brust,
drum hat die Libido oft nicht gewusst,
mit welcher Seele soll sie denn nun lieben:
Mit dieser mit dem Geist, mit jener mit den Trieben?

Auch der geliebte Mensch besitzt zwei Seelen,
die Frage ist nur, welche woll'n sich wählen?
Von den vier Seelen gibt es immer eine,
die Liebe geben will und kriegt doch keine.

So kommt's, dass man sich vom Geliebten scheidet
und meistens fürchterlich darunter leidet.

Tier- und Menschenseelen

Von der Natur erhält der Mensch Befehle,
die treiben ihn zu tierischem Verhalten.
Doch dies Verhalten schadet seiner Seele,
die soll das Tier zum Menschen umgestalten.

Der Tiermensch fühlt sich wohl in seiner Herde,
da hat er mit der Seele kein Problem.
Die Seele soll mal weg von dieser Erde,
das kostet Kraft und ist oft unbequem.

Für Menschen gelten andere Gesetze
als die Natur in ihm dem Tier befiehlt.
Zwei Herren dienen soll der Mensch. Ich schätze,
dass er sich lieber doch als Tier noch fühlt.

Denn Gott ist streng, der unsre Menschenseele
in seine Ewigkeit einst holen will:
Und also sind auch göttliche Befehle
ein bisschen hart für unser Tiergefühl

Stoffwechsel

Ist ein Körper erst verblichen,
ist das Leben draus entwichen.
Und wo weicht das Leben hin?
Wo ein Neues sagt: „Ich bin.“

Das ist es, was ich weiß und hoffe,
das Leben wechselt nur die Stoffe.
Stoffwechsel ist des Todes Zweck.
Drum wirf den alten Stoff ruhig weg.

Säugetier Mensch

Ein Säugetier wird Mensch genannt
und ist als Mensch bereits bekannt.
Doch dass aus ihm ein Mensch erst werde,
erschuf ihn Gott auf dieser Erde.

Noch ist er ja, nach meiner Meinung,
'ne ziemlich tierische Erscheinung.

Man nutzt von ihm die flinke Hand
und außerdem noch den Verstand.
Gefressen wird er heut nicht mehr,
doch braucht man seinen Körper sehr.

Stirbt jemandem mal ein Organ,
so näht man ihm ein neues an,
das einer Leiche man entnahm,
die eben erst zu Tode kam.

Das ist zwar Leichenfledderei,
doch denkt der Mensch sich nichts dabei.
Es ist sein törichtes Bestreben,
sein Fleisch soll ewig weiterleben.

Weil er es einfach nicht versteht,
dass es danach noch weitergeht,
wenn er, zum Menschen ausgereift,
am Ende dann sein Fleisch abstreift.

Das Vexierbild

Es ist wie ein Vexierbild,
was ich vom Leben seh.
Bald sieht man nur den Jäger,
bald sieht man nur das Reh.
Doch braucht man seinen Kopf
nur etwas anders drehn,
kann man sowohl den Jäger
als auch das Rehlein sehn.

Betrachtet man im Spiegel
sein eignes Angesicht,
sieht man sich nur als Opfer.
Den Täter sieht man nicht.
Doch sollte man den Kopf
auch einmal anders drehn,
dann kann man sich als Opfer,
doch auch als Täter sehn.

Dimensionen

Scharfsinn ist noch nicht Verstand,
Intellekt ist noch nicht weise.
Alles was der Mensch erfand,
nützt ihm nichts auf seiner Reise
von der Welt in Raum und Zeit
in die Welt der Ewigkeit.

Schöpfungsgeschichte

Wir waren im Laufe der Evolution
Einzeller, Fische und Eidechsen schon.
Als Säugetier wurden wir dann was wir sind,
das lernt in der Schule schon jedes Kind.
Wir nährten uns vom Sammeln und Jagen
und hatten im Paradies keine Plagen.

Doch einmal vor einigen zehntausend Jahren,
als Frauen noch völlig gleichwertig waren,
entdeckten sie, dass vom männlichen Samen
Früchte und Kälber und Kinder herkamen.
So erlernten sie Viehzucht und Äcker zu bauen,
und aus war es nun mit der Freiheit für Frauen.

Die Männer verwechselten sie mit den Rindern
und hielten sie nur noch zum Züchten von Kindern,
als Eigentum, nicht mehr als freie Gefährten.
So konnten die Menschen nicht menschlich
mehr werden.

Die Männer wollten alleine regieren,
das konnte zu massenhaft Kriegen nur führen.

Doch heut ist etwas geschehn, was erneut
die Welt ganz verändert und die Frauen befreit.
Die Männer entdeckten, dass Elekteronen
die Arbeit verrichten und Hände dann schonen.
Wozu man früher Menschen benötigt,
wird heute alles per Knopfdruck erledigt.

Das führt nun wieder zu neuen Defekten,
vielleicht verwandeln wir uns in Insekten.
Die Frauen werden zu Arbeiterbienen,
die nur noch mechanisch Computer bedienen,
die ganz befreit sind von anderen Pflichten
und lustlos auf Männer und Kinder verzichten.

Die Männer werden durch Mutationen
in Zukunft ganz sicher so etwas wie Drohnen,
die einmal im Leben den Samen nur spenden
und danach ihr unnützes Leben beenden.

Doch einige werden ins Weltall noch fliegen,
um einen neuen Planeten zu kriegen,
wo sie das Leben noch einmal hintragen,
womit wir auf Erden so kläglich versagen.

Dort fängt dann alles von vorne an,
und Adam ist wieder der erste Mann.

Kämmerchen fünf:

Aus der Tiefe

Gedichte

In meiner Mappe in der Lade liegt
ein Haufen Blätter, jedes ein Gedicht.
Ich schrieb sie nicht für Menschen, nicht für mich,
für niemand als die Verse selbst, die nun
verstaubt, vergilbt bei mir im Kasten ruh'n
und frage sie: Warum denn lebt ihr nicht?

Ihr wolltet doch von mir geboren sein?
Ihr drängtet doch Gedanken und Gefühl,
dass ich euch wie von selbst zu Wort und Reim
und Versen bilden sollte. Warum will
denn keins von euch, nun losgelöst von mir,
lebendig bleiben auf dem Blatt Papier?

Ihr könnt es nicht, ich will es mir gestehn.
Ihr seid nur Blätter, die im Winde weh'n.
Geplätscher leiser Wellen, welche nie
das Ende ihrer Reise finden.
Wort, ins Leere hingesprochen, ohne Ziel.
Sinn, ohne Sinn, im Werden und Vergeh'n.

Der Griff ins Unterbewusste

Ab und an, wenn du erhitzt
vom heißen Sonnentag,
erschöpft vom Lärm und Tun der Vielen,
die mit dir an der Oberfläche spielen,
abseits an dem Wasser sitzt, dich auszuruh'n,
dann spiegelt sich dein Bild im klaren Nass,
und tief am Grunde siehst du irgendwas.

Lockt dich nun dein Spiegelbild,
lockt dich ein kühles Bad?
Du tauchst durch dich hinein ins Tiefe,
als ob am Grund des Wassers etwas riefe.
Deine Neugier? – Ungestillt wird sie sein,
denn was du unten greifst mit deiner Hand,
das wirfst du oben achtlos in den Sand.

Wellen

Wellen verwandeln und wechseln die Kreise,
wie sie wogen, bewegen sie sich.
Bin ich im Kreise auf menschliche Weise?
Bin ich Welle?
Bewege ich mich?

Immer verwechsle ich Außen und Innen,
nie gelang ich zur eigenen Sicht.
Kreisen mich Wellen, begegne ich ihnen?
Kreise ich mit
und umkreise sie nicht?

Wohin denn will ich als Wissender wandern?
Will ich nach Außen, um Innen zu sein?
Wer aber bin ich, und wo sind die andern,
schließen die Kreise
der Wellen mich ein?

Herbstdepression

Ein alter Baum steht einsam da und reckt
die kahlen Zweige traurig in die Luft.
Vom Boden, der noch seine Wurzeln deckt,
entströmt der faulen Blätter Grabesduft.

Es ist zu Ende, denkt er wehmutsvoll,
indes der Sturm in seinen Ästen knarrt.
Ich sterbe gern, wenn ich denn sterben soll.
Ich habe lang genug schon ausgeharrt.

Vergebens hielt ich mich mit letzter Kraft,
vergebens war mein redliches Bemüh'n,
aus diesem kargen Boden all den Saft
für Blüten und für Früchte hochzuziehn.

Die schönen Blüten hat der Wind verweht,
verfault, vertrocknet fiel die reife Frucht.
Wie hab ich Jahr für Jahr darum gefleht,
doch nie kam jemand, der sie aufgesucht.

Jetzt mag ich nicht mehr warten, ich bin müd'.
Es hört mich niemand, denn ich bin ja stumm.
Komm Wind! Nun blase mir das Abschiedslied
und brich den Stamm! Ich frag nicht mehr – warum?

Kämmerchen sechs:

Religiöses

Winter

Der weiße Schnee bedeckt die bunten Farben,
der kalte Frost die heiße Liebeslust,
und die da lebten, wuchsen, zeugten, starben,
vergessen alles, was sie einst gewusst.

Das Licht erlischt – und alle Bilder schwinden.
Der Ton verklingt – und gleich ist alles stumm.
Es sucht nichts mehr – es kann auch nichts mehr finden.
Es geht nichts mehr – so kehrt auch nichts mehr um.

Doch immer wieder wirkt Er ein Bewegen,
und seine Wirklichkeit besiegt den Tod.
In Frost und Schnee fällt warmer Frühlingsregen,
und das Vergessene spürt wieder Gott.

Geist und Materie

Der Kirchturm sieht die Wiese an,
weit hinten, mit den Bäumen.
„Wie herrlich sie doch leben kann“,
denkt er in seinen Träumen.

„Ich stehe steif und starr aus Stein
und rage in den Himmel.
Wie muss es doch lebendig sein
im grünen Grasgewimmel.“

Die Wiese sieht auch ihn von fern
und denkt in ihrem Herzen:
„Ich wäre doch ein Turm so gern,
dann hätt’ ich keine Schmerzen.

Was mich zerstört, das lässt ihn kalt,
er ist aus Stein, ich lebe.
Mich fressen doch die Schafe bald,
wenn ich nach oben strebe."

Doch über beide weht der Wind,
sie müssen beide leiden.
Und ob sie tot, ob lebend sind,
das kann nur Gott entscheiden.

Ein Weihnachtsgedicht

Die Kunst, aus Stroh sich Gold zu spinnen,
aus Lumpen Puppen zu gewinnen,
aus Mottenkugel-Stinke-Luft
den köstlich frommen Weihnachtsduft,
aus Spänen leuchtend helle Kerzen,
aus der Entbehrung frohe Herzen,
aus kaltem Herde ein Gericht,
aus einem Mondstrahl das Gesicht
des Christkinds, das durchs Fenster blickt
und uns voll Liebe zugenickt,
war's nicht allein, das wisst ihr wohl,
was Weihnachten bedeuten soll.

Auch nicht die vielen teuren Waren,
die dann in Wirtschaftswunderjahren
die Tische fast zerbrechen ließen,
gewährten das, was sie verhießen.
Auch hierbei galt es zu erkennen
und klar mit Namen zu benennen,
dass all das Gold im Grunde Stroh,

und nicht das war, was uns so froh
und weihnachtsselig machen sollte.
Ich glaube, Rumpelstilzchen holte
in diesen Jahren fast mehr Glück
als vordem sich von uns zurück.

Wenn nun die Wunderzeit beendet
und sich das Glück heut scheinbar wendet,
sodass wir wieder Piepen zählen
und uns mit manchen Sorgen quälen,
so sollte uns das darin stärken,
die Wahrheit endlich zu bemerken:

Ob wir's als Märchen uns servieren,
mit Warenaustausch mal probieren,
ob wir's mit Sternen bunt bekleben,
ob wir's mit Möbelpackern heben,
ob wir's mit Kugeln mal versuchen,
mit Leb-, mit Baum-, mit Streuselkuchen,
ob wir's mit Spenden und Almosen,

mit einem Kauf von Weihnachtslosen
erzwingen wollen: Nichts als Stroh
verschenkt man und erhält man, wo
dies Fest für uns nichts weiter ist
als nur ein Tag, wo man als Christ
so tut, als sei die Tradition
zu schenken ein Geschenk auch schon.

Geschenk ist Wort bei offner Tür,
oft nur ein Blick von ihm zu ihr,
ist Achtung vor des Andern Würde,
ist Überspringen einer Hürde,
wo Fremdheit uns den Weg versperrt,
wo falscher Ton ein Wort verzerrt,
ist Hören auf das Ungesagte,
ist Antwort auf das Nichtgefragte,
ist Sehen, was sonst niemand sieht,
ist Mühe, wo sich niemand müht,
kann Lächeln sein, oft nur ein Nicken,
ein Zu-dir-hin-, ein Seitwärtsblicken,
ist Träne manchmal, oft ein Lachen,
ist Freude fühlen, Freude machen.

Geschenk ist, dass wir uns bemühen,
einmal die Wände fortzuziehen,
die uns von unserm Nächsten trennen,
uns einmal ganz zu ihm bekennen,
der nichts sein kann, was wir nicht sind,
der als Erwachsner oder Kind
nichts nehmen kann, was wir nicht geben,
und niemals geben, was im Leben
er nicht empfangen und erhalten,
der Greis vom Kind, das Kind vom Alten,
von mir das Du, das Du von mir,
die Frau vom Mann, der Mann von ihr,
der Feind vom Freund, der Freund vom Feind
und du von dem, der „anders“ scheint.

In diesem Sinne, scheint mir, kann
auch heute noch der Weihnachtsmann
ganz ohne Scham sein Säcklein leeren,
von dem wir dann ein Jahr lang zehren,
euch geben, was ihr von ihm wollt,
'ʼs ist nicht nur Stroh, das ist auch Gold.

Glocken
(1949)

Lie be
Lie be

In ehernen Wänden schwingt
ein Klöppel hin und her
und die Glocke singt:

Lie be
Lie be

Der Klöppel schwingt an eine alte Wand
aus Eisen.
Die Glocke klingt vor einer alten Wand
ausStein.
Die Töne wellen sich ins Land
und dringen hier an meine Wand
aus Eisen

und stoßen dort an deine Wand
aus Stein.

Wir können sie nicht mehr hören!
Sie stören!

Es ist ein Hohn,
dieser Ton!
Einhundert Phon!
Die Glocke ist aus Eisen,
die Kirche ist aus Stein,
und ich will dir beweisen,
ich bin aus Fleisch und Bein!

Durch Anstoß kommt Bewegung
und durch Bewegung Ton.
Was soll da die Erregung,
was ist die Glocke schon?

Lie be
Lie be

So brecht doch durch die Wände,
so öffnet doch das Tor!
Glaubt ihr, es dringt am Ende
noch Liebe euch ans Ohr?
Lasst uns Mauern bauen,
mit Stacheldraht verhauen!
Lasst uns Türme niederreißen,
Glocken und Klöppel zusammenschweißen,
lasst sie zu Raketen gießen,
lasst sie schießen!

Lie be
Lie be

Wir müssen sie wieder hören!
Wir müssen uns wehren!
Reicht ohne Wände
euch alle die Hände!
Dann werden in tausendfacher Bewegung
und immer größerer Erregung

Millionen von Herzen schwingen,
die alle den Frieden bringen!
Hei! Welch ein Ton!
Tausendmal tausend Phon!

Lie be   Lie   be   Lie   be !

Hilf mir doch

Hilf mir doch, den Blick zu wenden
von der großen, vollen Welt,
wo die vielen Lichter blenden,
die ich selber hingestellt.

Alles, was die Augen sehen,
jedes Ding und jedes Bild,
ließest Du durch mich entstehen,
weil Du mich mit Dir erfüllt.

Und nun bin ich in der Hülle
dieses Leuchtens, dieses Scheins,
und die ungeheure Fülle
lockt mich aus dem Grund des Seins.

Doch sobald ich Dich verloren,
bin ich blind und ohne Licht.
Taub und stumm und ungeboren
bin ich nichts, füllst Du mich nicht.

Gebet

Herr, lass mich Dich empfinden
mit meinem ganzen Sein.
Ich will ja nichts ergründen,
ich will nur in Dir sein.

Halt mich in Deinem Willen,
wenn meine Seele schwankt,
Herr Gott, ich will erfüllen,
was Du von mir verlangst.

Das Bild

Ich sehe Dich in einem alten Bild
und habe Dich doch immer schon gesehn.
Du hast das ganze Leben mir erfüllt.
Du ließest es und lässt es noch geschehn.

Du blickst an uns vorbei in eine Welt,
die niemand kennt und niemand leben wird.
Wer hat Dich mitten unter uns gestellt,
wie hat sich Leben in das Bild verirrt?

Ich weiß von Dir so wenig und so viel.
Ich weiß, Du gehst als Wunder und als Schein,
als Traum, als Sehnsucht und als Ziel
durch jedes Bild der Welt in mich hinein.

Im Himmel gibt es keine Dimensionen

Im Himmel gibt es keine Dimensionen,
da ist ein Jahr so viel wie zehn Millionen.
Nicht rechts noch links gibt's da,
nicht auf und nieder,
da läuft die Zeit zurück
und kommt auch wieder.
Die Zeit ist nicht nur lang, sie ist auch breit,
das Ferne immer nah, das Nahe weit.
Mit unserm Schädel lässt sich das nicht fassen,
wir müssen jedes Spekulieren lassen.

Kämmerchen sieben:

Rat und Schläge

Rat

Ein jeder Kopf hat andere Gedanken,
in jedem Topf ist wieder Neues drin.
Ob Gras, ob Baum, ob Blumen oder Ranken,
ein jedes lebt nach seinem Zweck und Sinn.

Auch Junges wächst nach eigenem Gesetze.
Drum achte Du, damit draus etwas wird,
nur, dass es sich und andre nicht verletze,
bis es behutsam zu sich selbst geführt.

Versuche nicht, die andern zu bekehren
und zwinge niemanden zu Deinem Stil.
Lässt man auch Dich, so wie Du bist, gewähren,
so lass den andern, wie er kann und will.

Arm und Reich

Wer arm ist, wird vom Neid zerfressen,
gern hätt er auch etwas besessen.
Dass Eigentum nicht glücklich macht,
hätt er im Leben nie gedacht.

Doch hat er erst Besitz gewonnen,
ist ihm die Freude schnell zerronnen.
Das macht ja Arbeit, sieht er dann,
da war ich früher besser dran!

Klarstellungen

Ein Streit, um Dinge klarzustellen,
führt in den allermeisten Fällen
nicht zu dem Ziel, dass bei Konflikten
die Leute etwas klarer blickten.
Sehr häufig sieht man dann erst recht
die Dinge ganz besonders schlecht.

Das Recht in Ost und West

Es war mal ein Recht, gewachsen und stramm,
dem fuhr ein Blitz in die Krone.
Da sprang in zwei Teile der mächtige Stamm,
die waren nun oben ganz ohne.

Wie sie nun übereinander so lagen,
das eine nach Osten, das andre nach Westen,
da hat man zum Kreuz sie zusammengeschlagen,
weil man sich dachte, so ist es am besten.

Ein Kreuz war, so lernten wir früher es alle,
einmal ein Zeichen fürs Auferstehen.
So hoff ich, dass sie sich in unserem Falle
irgendwann einmal wieder verstehen.

Doch vorläufig müssen wir alle sehr leiden.
Den beiden Rechten ergeht es sehr schlecht.
Wo immer vernagelte Köpfe entscheiden,
erhält stets das Vorrecht mehr Recht als das Recht.

Die Friedenstaube

Ganz plötzlich ist ein Streit entbrannt,
wie wir ihn vorher nie gekannt.
Die eine hat ein Wort gehört,
das ihre Seele sehr empört.
Die andre hat es, wie es scheint,
in Wirklichkeit nicht so gemeint.
Man schreibt, erklärt, beschwichtigt, brüllt,
die Herzen sind von Zorn erfüllt.
Und leise macht sich aus dem Staube,
die so geliebte Friedenstaube.

Verletzungen

Kränkende Worte gleichen den Pfeilen.
Ihre Verletzungen können nur heilen,
wenn man den Widerhaken entfernt hat.
Das ist 'ne Kunst, die kaum jemand gelernt hat.
Kann so ein Pfeil in die Seele gelangen,
wird sich der Haken im Herzen verfangen.
Ob man mit Absicht geschossen, ob nicht,
fällt bei den Schmerzen nicht ins Gewicht.
Bei dem Versuch, ihn herauszureißen,
muss man die Zähne zusammenbeißen.
Der Verwundete schreit, sobald man dran rührt,
und hat eine neue Verletzung gespürt.
Wenn alle Versöhnungsversuche scheitern,
ist es am besten, man lässt es eitern.
Man schweigt und trennt sich für einige Zeit,
und eines Tages ist es so weit,
dann ist der Haken von selber verschwunden,
und die Verletzung ist überwunden.

Streitschlichtung

Ein Streit wird oft nur dann geschlichtet,
wenn man die Fakten umgedichtet.
Doch kommt die Lüge dann heraus,
so bricht der Krieg von neuem aus.

Kämmerchen acht:

Familie

Meine Kinder

Als ihr noch mein Eigen wart,
hattet ihr 'ne Eigenart.
Des morgens krocht ihr alle vier
aus eurem Bett hinein zu mir.
Dann zanktet ihr euch eine Weile
um alle meine Körperteile.
Wer einen Arm von mir umschlungen,
der hatte einen Sieg errungen.
Die Wange an der meinen reiben
hieß, ohne jede Decke bleiben.
War's kalt, dann nahm man sich die Beine,
da war man warm, jedoch alleine.
Die Kleinste hat dann unbestritten
immer auf dem Bauch geritten.
Wie war ich doch von euch entzückt,
ich liebte jede wie verrückt.

Heut seid ihr alle reife Damen,
die nie zu mir ins Bett mehr kamen,
die auch zu viert in keins mehr passen,
wir müssen Schmusereien lassen.
Die Nabelschnur ist durchgeschnitten,
ihr seid mir aus dem Haus geglitten.
Ein jede lebt für sich alleine,
kein Mensch umklammert meine Beine.

Die Urgroßmutter

Viele Urgroßmütter leiden,
und sie jammern Tag und Nacht,
und um solches zu vermeiden,
werden sie ins Heim gebracht.

Aber solche, die nicht klagen,
die trotz ihres Alters wagen
immer noch was mitzusagen,
kann man auch nur schwer ertragen.

Immer wenn der Mensch sich wandelt
und nach neuen Werten handelt
und dies Recht auch noch verteidigt,
fühlt die Umwelt sich beleidigt.

,

Die Mutter

Ich habe großen Familiensinn
und schenkte meiner Familie mein Leben.
Heut weiß ich nicht mehr, wer ich selber bin,
und wen ich einfach so weggegeben.

Die Alten

Bei manchen Alten kommt sehr spät
noch eine neue Pubertät.
Weil sie sich dann vorbereiten
auf die Zeiten nach den Zeiten.

Das vierte Gebot

Alt wird, wer die Eltern ehrt,
hat uns Moses schon gelehrt.
Aber alte Greise lieben,
hat er uns nicht vorgeschrieben.

Es war bei unsern Ururahnen
genau wie bei den Pavianen:
Man durfte sie im Wald vergessen,
bis sie dann die Wölfe fressen.

Selbstporträt

Emma stand am Herd und kochte
in der Küche einen Brei,
den sie selbst so gerne mochte,
doch passte sie nicht auf dabei.

Da kam schon das Missgeschicke:
Durch die Hitze aufgestört,
lief die ganze, süße, dicke
Masse auf den heißen Herd.

Ach, es war schon zum Verdrießen,
was der Emma da passiert',
ganz verbrannt, nicht zu genießen
war, was sie grad angerührt.

Jetzt muss sie die Folgen tragen,
jammern hilft da auch nicht mehr,
und sie holt mit leerem Magen
nun die Suppenschüssel her.

Für die Brüder, für die Schwestern,
für die Leute in dem Haus
teilt die Suppe sie von gestern
in die Suppenteller aus.

Und so räumt sie denn am Ende
Topf und Teller aufs Tablett,
wäscht sich noch einmal die Hände
und geht hungrig in ihr Bett.

Rückkehr in die Heimat

Es sind dieselben Bäume,
nur mit neuen Ästen.
Es sind dieselben Räume,
nur mit andern Gästen.
Hier hab ich manche Träne schon vergossen
die oft um Kindereien flossen.

Hier schallte mein Gelächter von den Wänden,
dort trug ich Klettenkörbchen in den Händen,
hier grub ich einmal eine Kröte aus
und setzte sie danach im Brunnen aus.
Ich lehrte sie das Schwimmen eins, zwei, drei,
sie schwamm und lachte wie ein Mensch dabei.

Hier musste ich mich gegen Buben wehren,
versteckte mich in den Johannisbeeren.
Hier ist der Ort, wo Pusteblumen standen
und wir Indianer an die Bäume banden.
Wir tanzten alle um das Lagerfeuer,
versteckten uns in bröckelndem Gemäuer.

Wir jagten Sklaven, nahmen sie gefangen,
die dann am Abend mit uns Lieder sangen.
Und war'n die letzten Töne dann verklungen,
sind wir so fröhlich in das Bett gesprungen.
Und froh am andern Tage aufgewacht
und haben selig einen neuen Tag verbracht.

Kämmerchen neun:

Tiere

Das Schwein

Die Schweine hat man eingesperrt,
doch ihnen ein Klosett verwehrt.
Natürlich stank's dann überall
bei ihnen wie im Schweinestall.
Heut weiß man, Schweine sind sehr reinlich
und der Gestank ist ihnen peinlich.
Ach, wie viel Unrecht taten wir
doch diesem armen, klugen Tier.

Affe und Löwe

Die Äffin zeigt ihr Hinterteil,
die Löwin ihr Gesicht.
Die Äffin ist am Tage geil,
die Löwin ist es nicht.
Uns imponiert die Löwin mehr,
wir wären gern wie sie.
Doch stammen wir vom Affen her
und von den Löwen nie.

Hahn und Huhn

Der Gockel springt von Huhn zu Huhn,
denn weiter hat er nichts zu tun.
Das arme Huhn quält sich dagegen,
um jeden Tag ein Ei zu legen.
Das geht so leicht nicht wie es scheint,
man sah oft, dass es dabei weint.
So hat das Huhn kein leichtes Leben.
Ja, ja, ein Frauenschicksal eben.

Die Katze

Die Katze woll'n wir nicht benützen.
Sie nützt uns aus, um sich zu schützen.
Sie kommt und geht, wie es ihr passt,
wenn du nur Futter für sie hast.
Wir müssen uns vor ihr nicht schämen,
weil wir ihr wirklich gar nichts nehmen.
Im Gegenteil: Es wird aus dir
ein braves Haustier bald von ihr.

Der Hund

Der Hund gibt weder Milch noch Eier.
Er kostet uns nur Hundesteuer.
Auch Fleisch braucht er nicht abzugeben,
lebt einfach nur sein Hundeleben.
Ihm nehmen wir aus lauter Liebe
erbarmungslos „nur“ seine Triebe.
Die Liebe, die wir Gott versagen,
soll er für uns im Herzen tragen.

Das Schaf

Das Schaf hat nicht viel Intellekt,
doch seine Wolle ist perfekt.
Die muss es uns alljährlich geben,
um unsre Kleidung draus zu weben.

Dann muss es nackt hinaus ins Freie
und schämt sich jedes Mal aufs Neue.
Jedoch gewöhnt es sich daran,
die andern sind nicht besser dran.

Es ist gottlob nie ganz allein,
es darf in einer Herde sein.
Der Hammel riecht ein bisschen streng,
die Schäfin sieht das nicht so eng.

Die Kuh

Die Kuh hat vieles zu verdauen,
drum muss sie immer wiederkauen.
Sie kriegt viel Wasser, Heu in Fülle,
daraus macht sie dann Milch und Gülle.
Alljährlich zieht man ihr dann auch
ein neues Rindvieh aus dem Bauch.
Das wird ihr aber weggenommen,
damit wir ihre Milch bekommen.
Bevor der Wahnsinn sie umnachtet,
wird sie am Ende noch geschlachtet.

Stiere

Sehr traurig leben auch die Stiere.
Es sind die dümmsten aller Tiere.
Man führt sie an dem Nasenring
zu einem Holzbock, sagt: Nun spring!
Dann geben sie sich alle Mühe
und sehen nie im Leben Kühe.
Sie tun nur einfach ihre Pflicht.
Das ist die wahre Liebe nicht.

Der Schwan

Der Schwan hat einen langen Hals
und Flügel hat er ebenfalls.
Wenn er so übers Wasser gleitet,
von seiner treuen Frau begleitet,
dann ist er weiß und wunderschön
und äußerst lieblich anzusehn.

Jedoch, er hat sehr krumme Beine
und schöne Füße hat er keine.
Die hält er aber gut versteckt,
weil er sie unters Wasser reckt.
So ist es mit dem Schönen leider,
nach unten hin geht's meist nicht weiter.

Der Hase

Bei allen Hasen weiß man nie,
ist sie ein ER, ist er 'ne SIE?
Sperrt man zwei Weibchen in den Stall,
so kommt es vor von Fall zu Fall,
dass eine davon Junge kriegt,
die andre sich vor Lachen biegt,
weil sie der Vater davon war.
Das ist fürwahr sehr sonderbar.

Der Osterhase ist ein Mann.
Das sieht man ihm jedoch nicht an.
Denn ohne Zweifel hat der Bock
den allergrößten Eierstock.
Ein Transvestit scheint er, obwohl
er doch das Fruchtbarkeitssymbol.

Dieses Buch kann auch direkt beim Verlag bestellt werden. Für Privatbesteller übernimmt der Verlag das Porto.

Bülten Verlag
Kolonie 4 • 18317 Kückenshagen
Tel. und Fax: 038223 59319